AF531892

Silke Wagner

NOURINA – Toularions Tochter

Atlantische Heilgeheimnisse

Smaragd Verlag

Haftung

Die in diesem Buch enthaltenen Informationen sollen der Aufklärung dienen und ersetzen keine medizinische Diagnose, ärztliche Verordnung oder Behandlung. Sie ersetzen auch nicht den Besuch bei einem Arzt oder Heilpraktiker. Der Inhalt ist allenfalls als Begleitung und Ergänzung zu einem vernünftigen und verantwortungsvollen Gesundheitsprogramm gedacht. Autorin und Verlag können für unsachgemäßen Gebrauch keine Haftung übernehmen.

Bitte fordern Sie unser kostenloses Verlagsverzeichnis an:

Smaragd Verlag e.K.
Neuwieder Straße 2
D-56269 Dierdorf
Tel.: 02689-92259-10
Fax: 02689-92259-20
E-Mail: info@smaragd-verlag.de
www.smaragd-verlag.de

Oder besuchen Sie uns im Internet unter der obigen Adresse und melden Sie sich für unseren Newsletter an.

Deutsche Erstausgabe: November 2017
2. Auflage: Februar 2018

Umschlaggestaltung: preData
Satz: preData
Printed in Czech Republic
ISBN 978-3-95531-162-9

Ich möchte an dieser Stelle ganz besonders Danke an meinen Verlag, den wunderbaren Smaragd Verlag, übermitteln. Ohne euch wäre ich niemals so in die Autoren-Rolle gekommen. Ihr habt mich der Erfüllung meines Seeleplans ein Stück nähergebracht!

Dieses Buch widme ich all den Menschen,
die mir durch das Buchen einer persönlichen Sitzung
so viel Vertrauen geschenkt haben.
Mahalo für euer Sein
und die Tiefe, die zwischen uns entstehen durfte.
Oft kommt ihr als Fremde
und geht mit einem Stück meines Herzens.
Ihr hinterlasst das Gefühl
des Verbunden-Seins.
Möge dieses Büchlein
Hilfe zur Selbsthilfe sein
und euch ein Gefühl dafür geben,
wie verbunden wir alle mit „oben" sind.

Inhalt

Vorwort

Als Toularion®, mein atlantischer Geistführer, in mein Leben trat, hat sich vieles verändert. Meine Spiritualität machte einen Sprung, ich konnte die Kinderschuhe stehen lassen und in etwas größere hineinwachsen. Das hat mir immer unglaublich viel Freude bereitet.

Das gleichnamige Büchlein *Toularion® – Blitzheilung aus Atlantis* hat sich oft verkauft. Mit so einem Erfolg hätte ich niemals gerechnet, ist doch Atlantis für viele ein rotes Tuch und wird gleichgesetzt mit Märchenstunde (harmlos ausgedrückt…). Dieses Wunder freut mich jeden Tag aufs Neue, und ich will mich bei euch für eure zahlreichen Zuschriften bedanken.

Durch meine ständige spirituelle Arbeit sind die Atlanter mit der Zeit wieder in den Hintergrund gerückt, vielleicht war es gerade nicht die Zeit.

Umso erstaunter war ich, als sich kürzlich NOURINA, Toularions Tochter, bei mir vorstellte. Sie gab mir einen Berg mit Übungen durch, die ich gleich an einem Abend in meiner Zauberwolke an alle Interessierten im Rahmen eines atlantischen Workshops weitergab.

Was soll ich sagen? Die Übungen gaben uns alle viel, und wir gingen glücklich nach Hause.

Es hat auch mein Bewusstsein erneut verändert, und ich habe wieder begriffen, wie schnell uns unsere Ängste einholen. Der alte Leitsatz: „Gedanken erzeugen Wirklichkeit“ kennen wir alle. Aber ihn wirklich leben ist etwas ganz anderes.

Es ist an der Zeit, dass die helle, klare und liebevolle Linie aus Atlantis uns alle ein Stück durch diese heftige Zeit trägt, in der wir alle extrem durch Höhen und Tiefen gehen. 2017 macht seinem Namen als Sonnenjahr alle Ehre und schüttelt uns heftig durch.

Nicht nur im privaten Bereich, auch weltpolitisch werden Ängste und Sorgen geschürt.

Wichtig ist, dass wir uns positiv ausrichten. Unsere Gedanken, unsere Liebe voller Bewusstsein einsetzen.

Genau dabei hilft uns das alte atlantische Wissen ungemein.

Ich möchte dich ganz persönlich auf die Reise in das alte atlantische Wissen mitnehmen und lade dich ein, alles aus dem Herzen heraus auszuprobieren und zu testen.

Nichts trägt uns so wie die Energie, die direkt aus unserem Herzzentrum kommt.

Auch wenn uns die Welt da draußen manchmal an unsere Grenzen bringt: Jeder Lichtpunkt, den wir setzen, hinterlässt energetisch seine Spuren.

Lasst es uns anpacken, lasst unser Licht gemeinsam leuchten!

In diesem Buch stehen Krankheit und Ängste im Vordergrund, wahrscheinlich, weil auch ich mich gerade damit auseinandersetzen musste. Wie schön ist das Wissen, dass die Geistige Welt so viel Hilfe für uns parat hat. Auch ich habe nicht auf die ersten Anzeichen meines Körpers gehört und oft bis zum Umfallen gearbeitet. Natürlich hat mich das eingeholt und mein Körper mich regelrecht für eine Zeit lahmgelegt.

Wir Menschen neigen dazu, uns nicht mehr wirklich wahrzunehmen, und aus dieser Erfahrung heraus haben mich die Atlanter, insbesondere Nourina, da abgeholt, wo ich es gebraucht habe. Ich hoffe, auch ihr könnt alle davon profitieren.

Aus dem Herzen heraus,
deine Silke

Nourina – Königstochter und Priesterin

Als Nourina bei mir durchkam, war ich gerade an einem absoluten Tiefpunkt. Müde, ausgelaugt, zu viel gearbeitet. Entspannung sollte mir ein Basenbad bringen. Während ich in der Wanne vor mich hindöste, wurde mir trotz warmem Wasser und heißer Außentemperatur eisig kalt. Ich schauderte regelrecht. Ich spürte in die auftauchende Energie hinein und rechnete fest damit, dass sich Toularion zu Wort melden würde. Stattdessen erblickte ich eine weißblonde Frau mit langen Haaren. Ein Silberreif in ihrem Haar, auf dem vorne ein wunderschöner Ikosaeder aus Türkis prangte, der sich unaufhörlich drehte. Sie war wunderschön, und ich fühlte, wie sie mich regelrecht energetisch auftankte. Es war unglaublich. Ich hatte am ganzen Körper Gänsehaut und war zugleich vollkommen ergriffen, in einer anderen Welt.

Ich konnte mich völlig fallenlassen, und wer mich kennt, weiß, wie schwer mir das fällt, doch ich fühlte mich unglaublich geborgen. Mir ist völlig klar, dass sich das für viele meiner Leser wie blanker Unsinn liest. Doch gerade die Skeptiker unter euch möchte ich einladen, die Übungen der nächsten Kapitel auszuprobieren und den Zugang herzustellen. Ich bin überzeugt, ihr könnt sie spüren und wunderbar mit ihr arbeiten.

Es dauerte nicht lange, und sie stellte sich vor: Nourina – Toularions Tochter. Ich habe aufgegeben, die Atlanter zu fragen, warum sie uns ihr Wissen immer nur tröpfchenweise vermitteln. Inzwischen weiß ich, dass sie nach ihren Regeln leben und Eile oder gar Ungeduld für sie ein Fremdwort ist. Das ist für mich Zappelphilipp natürlich schwer zu verstehen, und ich musste hier schon oft Federn lassen...

Die Atlanter sind für mich eine Schatzkiste, immer neue Übungen schicken sie uns voller Liebe und Harmonie und geben uns dadurch die Kraft, uns mit unseren „irdischen" Problemen herumzuschlagen.

Ja, wir dürfen unsere irdischen Problemchen haben. Nichts ist an der Stelle schlimmer als weichgespültes Eso-Gewäsch und alles in Rosa zu tauchen. Wir lernen auf dieser Erde und müssen manchmal heftig Federn lassen, um an unser Ziel zu kommen. Höhen und Tiefen schmerzen, bringen uns oft an unsere Grenzen. Ich habe gelernt, dass uns die Atlanter gerade in solchen Situation mit ihren Übungen abholen und unterstützen.

Nourina bringt die für Atlanter meistens typische Frische, Kühle mit. Vom Duft her nehme ich sie sehr warm wahr, eine Mischung aus reifen Aprikosen und Zitrusdüften. Verzeiht mir an dieser Stelle, dass ich es nicht besser in Worte kleiden kann. Ich sehe, was eher untypisch für Atlanter ist, Nourina immer mit dem silbernen Strahl ohne irgendwelche Blautöne. Ihre Energie sowie ihre Ausdrucksweise sind sehr klar. Sie ist weder so verspielt wie Hekala, noch so tragend wie Toularion. Ihre Übungen zeichnen sich trotz allem durch eine Leichtigkeit aus, und sie ist erfrischend wie die Luft nach einem Sommergewitter.

Nourina:

Ihr Menschenkinder habt verlernt, mit eurer Seele zu kommunizieren. Glaubt mehr der Wissenschaft als eurem Ur-Menschsein.

Lasst uns helfen, euren Zugang zu euch selbst zu erwecken, denn die stärkste Macht wohnt in euch.

Jeder Einzelne ist so wertvoll. Wie abertausende von Perlen, die in den Tiefen des Ozeans geboren wurden, bilden sie zusammen eine perfekte Kette. So ist das Menschsein zu sehen.

Steh auf!

Bitte hadere nicht mehr mit

- Krankheit
- Finanzen
- Beziehungen
- Tod

und allem, was dich bedrückt, sondern sieh die Sonne, die wahre Größe dahinter, deine Lehre daraus.

Nur so kannst du dich entfalten und dich so aufstellen, dass du aus der Tiefe deines Seins in ungeahnte Höhen fliegen kannst.

Du – nur du – kannst es!

Ein Sandkorn mag dir gering erscheinen, doch viele bilden einen ganzen Strand und sind die Grenze zu den Weiten des göttlichen Ozeans.

Du bist gesegnet, denn du hast dich für das Menschsein entschieden.

Vertraue deiner Göttlichkeit.

Erkenne deinen Wert und übergib uns deine Ängste. Wir zeigen uns euch Menschen, um euch aus der Angstfalle zu lösen.

Erkenne den wahren Plan, die wahre Aufgabe deines Lebens dahinter.

Hadere nicht mit Terror oder gar den Gewalten der Natur.

Bitte konzentriere dich auf dein Sein und die Helligkeit, die du ausstrahlen kannst.

Nur so kann die Erde den Schwingungsaufstieg in die Helligkeit meistern.

Wende dich bewusst ab von der Dunkelheit, entziehe ihr ihre Nahrung. Sie wird genährt von Angst, Wut und Furcht.

Halte die Energie, und du wirst sehen, die Dunkelheit weicht dem Morgenlicht.

Wir bieten aus tiefster Liebe unsere Hilfe an, entscheide du!

Nourina, im Mai 2017

Wichtig zu Beginn

Jede dieser zahlreichen Übungen benötigt die folgenden Grundlagen:

1. Die Absicht an Nourina, Toularion und den Hohen Rat von Atlantis so klar wie möglich zu formulieren. Je präziser du dich ausdrückst, desto intensiver wird das Ergebnis sein. Beispiel: Ich erbitte Gesundheit für XYZ (gegebenenfalls noch die Krankheit genau benennen).
2. Wir heilen niemals ungefragt. Bitte fragt euer Gegenüber immer um Erlaubnis. Keine Zwangsbeglückung! Das, was wir nicht für uns möchten, sollten wir auch nicht anderen antun...
3. Immer aus dem Herzen heraus handeln. Je stärker dein Gefühl für eine Sache ist, desto erfolgreicher wirst du sein.
4. Heilen direkt können wir nicht wirklich. Es ist ein Zusammenspiel von Körper, Geist und Seele inklusive der Aktivierung der Selbstheilungskräfte mit Hilfe der Geistigen Welt.
5. Du darfst skeptisch sein. Eine natürliche Skepsis ist nicht verkehrt. Trotzdem solltest du neugierig und aufgeschlossen sein, ungewöhnliche Wege zu gehen.
6. Bevor du die Heilmethoden verdonnerst und ihnen ihre Wirksamkeit absprichst, solltest du schauen, wo dein innerer Verhinderer sitzt. Was hindert dich WIRKLICH da-

ran, gesund zu werden. Gibt es hier eine Angst oder der Glaube, dass etwas vererbt wurde?

7. Je lockerer du mit allem umgehst, desto größer werden deine Erfolge sein. Hinterfrage nicht alles, probiere es so aus, wie es sich für dich richtig anfühlt. Abweichungen sind erlaubt, wenn sie für dich stimmig sind.
8. Keine Heilbehandlung ersetzt den Arztbesuch! Immer daran denken!
9. Wir machen niemals Heilversprechen!

In diesem Sinne:

Hab den Mut, neue Wege zu gehe. Glaube, liebe und vergiss das Lachen nicht! Lachen macht oft jede schwierige Situation leichter, denn wenn wir lachen, können wir an nichts denken. In diesem Moment sind wir also völlig frei von Glaubenssätzen, die einer Heilung im Weg stehen.

Die heilige Geometrie und die Atlanter

Die heilige Geometrie ist Teil des großen Bewusstseins der Neuen Zeit. In allen spirituellen Richtungen erhält sie immer mehr Bedeutung. Noch lange ist nicht alles Wissen aus der Geometrie wieder in dieser Zeit angekommen, und doch wird ihre Bedeutung uns immer stärker wieder ins Bewusstsein gerufen.

Gerade wenn wir historische Gebäude betrachten, fällt uns oft auf, dass hier schon bei der Planung die heilige Geometrie oft berücksichtigt wurde.

So war es für mich unglaublich spannend, die unkonventionellen Wege der Atlanter und ihre Zugänge zur heiligen Geometrie von Nourina übermittelt zu bekommen.

Die Bergkristallpyramide aus Atlantis findet in vielen Schriften Erwähnung, doch habe ich mich noch nie ernsthaft damit befasst.

Nourina hierzu:

Ihr Kinder des Neuen Zeitalters habt leider verlernt, auf euren Körper zu hören und zu erkennen, das Krankheiten die Reaktionen auf eine Verletzung der Seele sind. Die heilige Pyramide ist so ausgerichtet, dass in ihr alle drei Komponenten wie kleine Helixspiralen neu verbunden werden. Du hast immer eine Wahl, gesund zu werden, egal, was die Medizin dir sagt. Der Schalter liegt in dir. Sag JA zur Gesundheit, dann spielt es auch keine Rolle, welche Art von Heilung du wählst. Schulmedizin, Homöopathie, geistiges Heilen stehen alle gleichberechtigt. Hör auf dein Herz, wem vertraust du? Ja zum Leben, ja zum Vertrauen und das Löschen aller Ängste sind deine wichtigsten Hilfsmittel. Wähle sie, um deine Selbstheilungskräfte zu aktivieren, dann kannst du jeden Weg gehen. Achte aber voller Liebe darauf, dass deine Seele sich gut fühlt, und gehe in Zwiesprache mit ihr. Sie hat es verdient, gehört zu werden.

Nourina, im Mai 2017

Übung hierzu:

Schließe deine Augen und bitte dein Hirn, seine Frequenz zu senken. Sprich dein Hirn einfach an und bitte es, sich bei 32 Hertz einzupendeln. Dann gehst du auf 30 Hertz, 25, 20 15, 10 – immer ganz langsam. Gib dir Zeit zu spüren, wie dein Körper langsam herunterfährt. Dann schau, welche Frequenz zwischen 6 und 9 für dich angenehm ist. Probiere aus, bei welcher Frequenz du dich noch wohlfühlst, aber auf keinen Fall zu müde wirst.

Stell dir jetzt vor deinem inneren Auge die Bergkristallpyramide von Atlantis vor. Wenn du sie siehst, fühlst oder einfach weißt, dass sie da ist, strecke in Gedanken die Hände aus und befühle die Struktur. Wie nimmst du die Oberfläche wahr? Wie fühlt sie sich an? Wie ist ihre Temperatur? Wenn du ein Gefühl für diese Heilpyramide hast, gehe um sie herum, bis dir der Eingang gezeigt wird. Die Tür schwingt auf, und du stehst im Heiligtum von Atlantis. Nimm einen tiefen Atemzug und atme ganz bewusst die Heilenergie ein.

Setze dich jetzt auf den wunderschönen Sessel, der für dich bereit steht. Achte genau darauf, welche Farbe er heute hat. Dann bitte Nourina hinzu. Vielleicht kannst du sie sehen oder spürst ihre Anwesenheit – es spielt keine Rolle. Sei dir sicher, sie ist nah bei dir.

Frage Nourina jetzt bitte nach der seelischen Ursache deiner Krankheit. Stell diese Frage ganz gezielt. Das ist wichtig, da die Energie der Absicht folgt. Zähle jetzt innerlich bis 7, und der erste Impuls, der dann in dir aufsteigt, ist maßgebend. Er ist noch eine ursprüngliche Eingebung, da er noch nicht vom inneren Denker zerpflückt wurde.

Bedanke dich bei Nourina. Dann öffne in deinem Tempo die Augen und komme wieder bewusst zurück. Erinnere dich jetzt an deine Sesselfarbe. Stell dir im Anschluss vor, wie dein Körper mit dieser Farbe als Heilstrahl geflutet wird. Er geht durch alle Organe, Zellen, Nerven und Knochen. Genieße und nutze diese Phase der Regeneration.

Es liest sich vielleicht kompliziert, doch du kannst dir sicher sein, diese Übung hat viel Potenzial, um dir aufzuzeigen, woran deine Seele leidet. Was möchte sie dir durch die Krankheit eigentlich mitteilen? Wo hast du ihr nicht zugehört?

Die Hirnfrequenz regelt sich übrigens von allein wieder hoch. Das tut der Körper automatisch. Mach dir keine Gedanken, weil du jetzt bewusst heruntergeregelt hast.

Die Atlanter haben die heilige Geometrie in viele Heilbereiche einbezogen. Ich hatte in letzter Zeit viele Menschen in meinen Sitzungen, die über rheumatische Beschwerden, vor allem in den Fingern, klagten. Auch hier waren die Tipps von Nourina unkonventionell anders, aber ich möchte den Ablauf hier einmal aufzeigen, damit du ihn bei Dritten anwenden kannst.

Ablauf:

Lege deine Hände mit der Handfläche nach unten locker auf die Hände deines Gegenübers (ebenfalls Handfläche nach unten zeigend). Lade jetzt Nourina in dein Energiefeld ein und lass ihre Energie durch deine Hände fließen, stell dich als Kanal zur Verfügung. Dadurch öffnest du das Energiefeld der Hände.

Stell dir jetzt vor, dass in der Hand deines Klienten die Blume des Lebens fließt. Schau jetzt vor deinem geistigen Auge, ob die Blume des Lebens klar ist oder ob einige Rädchen nicht mehr an ihrem Platz sitzen. Sprich hierbei in Gedanken folgenden Satz: „Zum Wohle der höchsten Matrix bitten wir: Richte dich mit allen Kreisen neu aus. Schmerzen hinweg mit dir – die Blume des Lebens im korrekten Haus."

Nun müsste der erste Schmerz abfließen. Dann bittest du Nourina, gemeinsam mit Erzengel Raphael die Energie der Hände auf den Nullzustand (Ursprung schmerzfrei!) zurückzusetzen.

Nimm deine Hände jetzt langsam weg und bitte dein

Gegenüber, seine Hände zu bewegen. Sollte sich nicht sofort etwas tun, bitte zehn Minuten abwarten.

Hierzu empfiehlt sich, dass dein Klient die nächsten 21 Tage morgens ein Stück reines Weihrauch aus dem Oman kaut (wird weich wie Kaugummi) und anschließend ausspuckt.

Viel Erfolg beim Ausprobieren!

Konntest du das mit der Hand testen? Grundsätzlich gibt es hierzu Folgendes zu sagen: Die Atlanter verbinden die absolute Gesundheit eines Menschen eng mit der heiligen Geometrie.

Bei akuten Schmerzen empfiehlt sich immer, mit der Blume des Lebens zu arbeiten und zu schauen, wo die Rädchen nicht mehr ineinander eingreifen, und dann, wie oben beschrieben (ohne den Weihrauch), fortzufahren.

Bei Problemen mit den inneren Organen empfiehlt Nourina den Körperscan mit der Merkabah.

Hier ist wie folgt vorzugehen:

Stell dir vor, dass du am Kopf deines Klienten (oder auch bei dir) eine weiße Merkabah eintreten lässt. Visualisiere, wie diese Merkabah von oben nach unten langsam durch den Körper zieht und alle inneren Organe reinigt und ihnen wieder Kraft gibt. Lass dir für den Darm besonders viel Zeit und stell dir vor, wie auch die alte Schlacke im Darm damit gelöst wird.

Der Darm ist mit das wichtigste Organ bei dieser Reinigung. Lagern dort zu viele Schlacken, entstehen oft Rückenschmerzen bis hin zum Bandscheibenvorfall.

Das wird leider viel zu oft als Ursache für Rückenleiden unterschätzt.

Mein besonderer **Tipp** nach **jeder** Heilbehandlung, egal, nach welcher Methode:

Sobald du oder deinen Klient schmerzfrei ist, speichere diesen Zustand wie folgt ab:

Lege die Hände auf die Knie deines Gegenübers (heilst du dich selbst, dann auf die eigenen Knie) und rufe Toularion und den Hohen Rat von Atlantis. Bitte sie im Kopf (also leise), diesen schmerzfreien Zustand im kompletten Körper inklusive Zellerinnerung abzuspeichern, und dann lass diese Energie fließen, bis du ein natürliches Stoppgefühl bemerkst.

Vergiss bitte nicht, dich bei den Atlantern zu bedanken, aber du wirst sehen, es hält alles über längere Zeiträume an, bei manchen sogar für immer.

Am Schluss auf beide Knie noch die Zahl 7 mit den Fingern schreiben, damit der Vorgang definitiv abgeschlossen ist.

Die 7 ist nicht nur eine mystische Zahl (7 Tage hat die Woche...), sondern auch die atlantische Zahl, um alle positiven Vorgänge im Körper abzuspeichern.

Wichtig beim Arbeiten damit ist, dass der Ablauf klar für dich ist. Sprich dazu diese Zeilen so lange, bis sie sich dir eingeprägt haben. Du wirst sehen, es lohnt sich.

Die bisherigen Ergebnisse sind vielversprechend.

Das karmische Rad

Die Atlanter sprechen nicht von Wiedergeburt oder nur Karma, bei ihnen dreht sich das karmische Rad immer weiter. Anfangs war ich bei diesem Begriff oft ratlos, bis Nourina es mir erklärte.

Sie vergleichen die Seele mit einem Rad, das immer in Bewegung ist. Jedes irdische Leben dieser Seele ist eine Speiche in diesem Rad. Zusammen bildet es die perfekte Einheit und Harmonie. Auch wenn eine Speiche gerade auf der Erde weilt, ist doch alles im Einklang auf Seelenebene. Wird eine „Speiche" geboren, kann es sein, dass an ihr noch Anhaftungen des großen äußeren Rads hängen, wenn die Vorleben nicht alle sorgfältig abgetrennt wurden oder wir noch eine Lernaufgabe aus dem alten Leben freiwillig mit in das neue nehmen.

Eine gewagte Theorie? Wie viele Menschen stehen an einem Ort, an dem sie noch niemals zuvor waren, und kennen sich sofort aus? Mir persönlich geht es so mit einer Burg im Salzburger Land. Ich hatte schon von dieser Burg geträumt, und als ich mit meinem Mann einmal auf der Autobahn dorthin unterwegs war, traf mich fast der Schlag. Da stand genau die Burg aus meinem Traum deutlich auf dem Hügel. Leider konnten wir nicht anhalten, da wir Termine hatten. Ich musste zwei Jahre warten, bis ich sie erkunden konnte. Das war ein seltsames Gefühl, weil ich so vieles wiedererkannte. Zum Beispiel wusste ich, was um die nächste Biegung kommt, obwohl ich noch nie zuvor da war. So geht es vielen Menschen.

Viele halten Wiedergeburt ja für eine reine Erfindung, ich seit diesen Tagen nicht mehr.

Rückführungen gibt es zahlreiche, für mich sind die nach Newton besonders spannend. Dort gehst du in ein früheres Leben, stirbst und bekommst mit, was deine Seele dann macht. Ich habe von meiner Sitzung noch eine CD, ich bin immer noch geflashed, wenn ich sie heute höre.

Mir hilft es zum Beispiel sehr, wenn ich mit Menschen in meinem Leben immer wieder aneinandergerate.

Die Atlanter erklärten mir dazu Folgendes:

Mit manchen Seelen überkreuzen sich die Laufbahnen der Räder immer wieder in der Schwere. Das heißt, viel Emotion, aber auch viel Schwere. Die sogenannten karmischen Beziehungen kennen wir alle, sie bringen uns oft zur Weißglut. Nourina nennt sie die karmischen Feuerräder-Beziehungen. Jeder, der in seinem Leben eine solche Beziehung zu einem Menschen hat, weiß, was ich meine.

Nourina hat folgende Übung dazu bereit:

Stell dir vor, dass am Himmel zwei kleine Feuerräder aufeinander zurollen und wieder wegrollen. Warte, bis du dieses Bild verinnerlicht hast. Registriere bitte die Schnelligkeit der Räder. Benenne jetzt die Räder. Welches bist du und welches ist dieser Mensch, mit dem du durch heftiges Karma verbunden bist?

Rufe jetzt den Hohen Rat von Atlantis und sein Reinigungsteam hinzu. Bitte sie, mit einem silbernen Tuch vorsichtig jede einzelne Feuerflamme zu ersticken. Schau hin, sind wirklich alle Flammen aus? Dann bitte sie, die beiden Räder nebeneinander zu stellen und alle Speichen, die karmische Verknüpfungen der Schwere zu dieser Person haben, vorsichtig abzutrennen. Wenn du ein natürliches Stopp-Gefühl hast, bedanke dich beim Hohen Rat und seinen Helfern.

Dann schreibe bitte den Namen dieser Person auf einen Edelstein deiner Wahl und gib ihn in einen Becher. Verschließe diesen Becher mit Folie oder Ähnlichem sorgfältig. Segne die Situation und sprich: „Ich nehme die Beziehung zu dir so an, wie sie ist", und stelle ihn in einen Schrank im Keller oder wo auch immer. Je weiter weg von dir, desto besser. Nimm dir jetzt 28 Tage Zeit, diese Person und eure Beziehung zu segnen.

Nach 28 Tagen wirfst du den Stein in ein fließendes Gewässer und bedankst dich bei ihm. Du wirst sehen, dass, auch wenn der Schmerz vorher noch so groß war, Leichtigkeit in dir einzieht.

Diese Übung hat sich besonders bei den sogenannten Dualseelen sehr bewährt, aber auch bei anderen zwischenmenschlichen Verhältnissen, die uns an den Rand der Verzweiflung bringen.

Ich weiß, dass solche Verhältnisse oft mehr als wehtun und Karma als Begründung oft wie Hohn klingt, gerade wenn man in diesen Schmerz hineinspürt. Doch genau da hilft es uns, zu verstehen, dass wir alle einer übergeordneten Macht gegenüberstehen, aber nicht hilflos zusehen müssen. Wir dürfen alle daran arbeiten und lernen, dass alles, wirklich alles, HEILEN DARF. Und das ist ein mehr als tröstliches Gefühl, oder?

Die Geschichte mit der Fußsohle

Manchmal überraschen mich die Atlanter so sehr, dass ich kaum glauben kann, welche Übungen hochkommen. Auch ich bin immer skeptisch beim Ausprobieren, doch ich muss sagen: Diese Übung hat mich total überzeugt, auch wenn ich sie am Anfang völlig crazy fand.

Als Nourina mir die gleich folgende Übung erklärte, dachte ich: Okay, wenn ich die veröffentliche, denken alle, jetzt hebt sie total ab. Aber als ich die Ergebnisse beim Ausprobieren spüren konnte, biss ich die Zähne zusammen, und hiermit ist sie tatsächlich veröffentlicht.

Irgendwo ist sogar eine Logik darin. Spätestens seit der Fußreflexzonenmassage wissen wir, dass im Fuß jeder Zentimeter für etwas anderes im Körper steht. Gute Fußreflexzonenleute können durch so eine Massage auch sofort die körperlichen Defizite benennen.

Genau hier setzt die Methode der Atlanter an. Diese arbeiteten früher mit Kohle, das brauchen wir heutzutage nicht, uns genügt ein einfacher Tattoo-Stift, den man in jeder gut sortierten Drogerie günstig erwerben kann. Die Farbe spielt hierbei keine Rolle.

Die Methode ist denkbar einfach:

Such dir im Alphabet-Schlüssel, der unten folgt, die Zahlen zu den jeweiligen Buchstaben heraus und schreibe diese Zahlen pyramidenförmig auf die Fußsohle.

Auf die linke Fußsohle, wenn es für einen körperlichen Aspekt stehen soll, auf die rechte Sohle für einen seelischen Aspekt.

Achtung! Eine positive Formulierung ist hier das A und O. Bitte achte immer darauf: Unser Fokus liegt nicht auf der Krankheit, sondern auf der Heilung!

Hier der einfache Alphabet-Zahlenschlüssel:

A 1	B 2	C 3	D 4	E 5	F 6	G 7	H 8
I 9	J 10	K 11	L 12	M 13	N 14	O 15	
P 16	Q 17	R 18	S 19	T 20	U 21	V 22	
W 23	X 24	Y 25	Z 26				

Beispiel A:

H E I L U N G	N I E R E
8 5 9 12 21 14 7	14 9 5 18 5

Das wäre so auf die LINKE Sohle zu schreiben:

8

5 9

12 21 14

7 14 9 5 18 5

Natürlich reicht auch nur das Wort Heilung. Das bezieht alles ein. Wichtig ist die pyramidenförmige Schreibweise. Tabu sind Formulierungen wie „Krankheit weg“. Negative Worte wie Krankheit sind negativ belegt – bitte niemals verwenden!

Beispiel B:

HEILUNG (gebrochenes) HERZ (Liebeskummer) – rechte Fußsohle, da es um seelische Probleme geht.

Die Worte „gebrochen“ und „Liebeskummer“ benutzen wir natürlich nicht! Hier auch wieder alle negativen Begriffe vermeiden.

Hier kann man spielen:

H E I L U N G
8 5 9 12 21 14 7

8
5 9
12 21 14 7

und anstatt das Herz in Zahlen umzuschreiben, einfach ein Herz darunter malen.

Ich gebe gerne zu, beim ersten Lesen oder Hören ist es sehr gewöhnungsbedürftig. Doch der Erfolg dieser Methode ist unglaublich. Gerade bei Rückenschmerzen lohnt es sich, die Worte „Heilung Rücken“ zu benutzen. Man steht sofort viel gerader, und innerhalb weniger Tage ist eine deutliche Besserung spürbar.

Diese Übungen haben keinerlei Nebenwirkungen, du hast beim Ausprobieren nichts zu verlieren. Übrigens kann man auf diese Art und Weise ungewöhnlich schnell eine Begradigung seiner Wirbelsäule erreichen.

Achtung bei Ängsten. Bitte nicht schreiben „Angst weg“! Wenn, dann bitte die Formulierung: „Ich bin frei von Angst“ oder „Ich bin frei von Existenzangst“, wenn du die Angst benennen willst. Bei Ängsten rate ich außerdem dazu, sich das Kapitel „Die Sache mit der Angst“ genau durchzulesen.

Natürlich diese Formulierung immer auf der Seelenseite, also auf der rechten Fußsohle, notieren.

Bei Prüfungsangst empfiehlt es sich, wie folgt vorzugehen:

B E S T A N D E N
2 5 19 20 1 14 4 5 14

5 19 20
1 14 4 5 14

Hier auch wieder die rechte Fußsohle nehmen. Bitte zusätzlich einen Tropfen hochwertiges Aromaöl Zitrone auf der linken Sohle verreiben und einen winzigen Tropfen Pfefferminzöl in den Nacken reiben. Im Komplettpaket hat Prüfungsangst dann keine Chance mehr.

So kannst du mit allen Krankheiten, seelischen Belastungen und auch mit Trauer umgehen. Wobei ich bei Trauer das Wort L E B E N S F R E U D E verwenden würde, eventuell im Kombipaket zusammen mit G L U E C K.

Umlaute wie Ä, Ö und Ü werden dabei natürlich immer als AE, OE oder UE geschrieben.

Zur Frage, wie lange du die Pyramide auf dem Fuß lassen solltest: Sie verblasst durch Duschen von alleine. Spüre hinein, ob du die Zahlenkombi wiederholen musst oder bereits eine deutliche Besserung eingetreten ist.

Zusätzliche Hilfe bei chronischen Schmerzen

Sehr oft habe ich Klienten bei mir in der Praxis, die über chronische Schmerzen klagen. Ich sehe mich allerdings nie als Heilerin, sondern als Medium. Hin und wieder übermittelt mir die Geistige Welt eine Botschaft, die hier Abhilfe schaffen kann. Doch ist das bei Weitem nicht immer gegeben, nichts, was ich garantieren kann und will, und auch kein Weg, der zu mir gehört. Es gibt viele große Heiler, doch ich bewege mich auf einer anderen Schiene. Heilung darf manchmal einfach geschehen, weil es an der Zeit oder etwas ausgesprochen ist, was den Druck von der Seele nimmt.

Doch was tun, wenn ich mir Schmerz in meiner Akasha-Chronik festgelegt habe? Kann man Schmerz überhaupt festlegen? Fragen über Fragen, eigentlich wie immer.

Fangen wir langsam an. Was ist eigentlich die Akasha-Chronik? Man nennt sie auch die Bibliothek des Lebens, die von dem Aufgestiegenen Meister Horus und den Chronik-Engeln verwaltet wird. Jede Seele hat dort für alle vergangenen, das aktuelle und die zukünftigen Leben Bücher stehen, in denen alle Eckpunkte des jeweiligen Lebens notiert sind, inklusive Geburts- und Sterbedatum. Es gibt viele mediale Menschen, die in der Chronik lesen können, doch hat man niemals Zugriff auf Daten, die einem Entscheidungen abnehmen. Der freie Wille ist ein großes Geschenk an die Menschheit und sollte in keiner Weise beeinflusst werden.

Nourina antwortete mir auf meine Frage, ob chronische Schmerzen in der Akasha-Chronik festgelegt sind, übrigens mit einem klaren Nein. Die Seelenverträge und Aufgaben, die man sich selbst für dieses Leben festgelegt hat, allerdings schon. Nourina erklärte mir weiter, dass chronische Schmerzen ein Hilfeschrei der Seele sind, um eines der folgenden Dinge zu verarbeiten:

- Große Trauer,
- ein Leben weit weg vom Seelenplan,
- ein weinendes Inneres Kind.

Auf meine Frage, wie ich hier ansetzen könnte, bekam ich folgende zwei Vorschläge an die Hand.

Nummer 1:

Schließe deine Augen, bitte die linke Gehirnhälfte, sich zu verkleinern, und die rechte, sich zu vergrößern. Keine Angst, unser Körper einschließlich des Gehirns reagiert darauf wunderbar. Stell dir jetzt vor, wie auf deinem Kopf ein goldener Trichter mit der großen Öffnung nach oben steht. Atme tief ein und aus und bitte jetzt Nourina, dir alle Bilder oder Impulse zu liefern, die du für diese Übung brauchst.

Stell dir jetzt bitte vor, dass sich deine Seele als Pferd zeigt. Schau genau hin. Steht es auf einer saftigen Wiese oder auf vertrocknetem Gras? Wie nimmst du das Pferd wahr? Ist das Fell stumpf oder glänzt es? Wie steht das Pferd da? Wie wirkt es auf dich? Ist es traurig, ängstlich, verletzt, sucht es Freiheit, ist es eingeengt? Achte auf jede Kleinigkeit, und dann stell dir vor, dass du diesen Moment genauestens festhältst, indem du ein imaginäres Foto schießt.

Jetzt beginne damit, dem Pferd zu geben, was ihm fehlt. Schau genau, was es dir übermittelt, und verändere das Bild so, dass das Pferd sich wohlfühlt. Wenn du fertig bist, halte auch diesen Moment mit einem imaginären Foto fest.

Dann öffne die Augen und schreibe dir jede Veränderung auf, die das Pferd gebraucht hat, um glücklich zu sein. Schau dir die Aufzeichnung danach genau an. Sie steht sinnbildlich dafür, was dir gerade wirklich fehlt.

Wenn du keine Parallele ziehen kannst, bitte Nourina, dir auch beim Aufschreiben auf die Sprünge zu helfen. Ich bin sicher, du findest den Zusammenhang.

Nummer 2:

Die Atlanter haben auch die Pflanzenwelt und ihre Naturgeister intensiv in die Heilungsprozesse eingebunden. Es gab Atlanter, die Profis waren in Heilgebeten, gemeinsam mit den Naturgeistern.

Für chronische Schmerzen hat mir Nourina Folgendes übermittelt:

Trage sieben Tage lang einen kleinen Beutel am Körper. In diesen Beutel gibst du Folgendes hinein:

Eine kleine Feder (die erste, die du findest), einen Kiesel-

stein nach Wahl und einen Zettel, auf den du schreibst: Ich bin vollkommen schmerzfrei.

Gehe am ersten Tag zu einer Eiche und streue für die Anrufung der Naturgeister etwas Tabak um den Baum. Lade jetzt im Kopf alle Naturgeister ein, bei dieser Heilung mitzuwirken, und bitte die Seele des Baums und den Hohen Rat von Atlantis, einen Heilkreis um dich zu bilden.

Sprich jetzt 7-mal folgendes Heilgebet:

„Eiche, Eiche, Eiche –

chronischer Schmerz weiche!“

Das Gleiche machst du am siebten Tag und bedankst dich im Anschluss.

Hierzu gibt es Folgendes zu sagen:

Unsere Urahnen haben das Wissen des Gesundbetens noch gepflegt. Oft wurden Bibeln oder ähnliche Bücher übergeben, in denen Zettel mit den Heilgebeten der Familie aufbewahrt wurden. Es ist eine sehr, sehr alte Tradition, und das Ausprobieren lohnt sich.

Übrigens hat mir Nourina noch ein Gebet mit auf den Weg gegeben, wenn der Haussegen schief hängt oder im Haus schlechte Energie herrscht. Der Ablauf bleibt der gleiche, nur das Gebet ist anders und der Baum eine Birke:

„Birke, Birke, Birke –
der gute Geist im Hause wirke.
Möge Frieden einziehen in alle Ecken,
Liebe darf sich nicht verstecken!“

Genieße die Zeit in der Natur und die Erdung, die durch diese Übung automatisch erfolgen wird.

Allergien *oder* Das überhebliche Medium Silke

Ich habe einen tollen Hausarzt! Wir sehen uns öfters auf der Straße, als in seiner Praxis. Als ich das letzte Mal im Herbst bei ihm war, da ich meinen Husten nach über vier Wochen immer noch nicht in den Griff bekam, sagte er: „Oh, wir hatten Ihre Karteikarte schon aussortiert, wir dachten, Sie hätten den Hausarzt gewechselt". Da mussten wir beide schmunzeln.

Ich kannte den Hintergrund meines Hustens: Über vierzehn Wochen kein freies Wochenende. Es war Messezeit, Ausbildungen liefen und, und, und. Mein Körper rebellierte und zeigte mir ein klares Stopp. Mein Arzt ist ja ein Goldstück, er weiß, dass ich immer für alles eine seelische Ursache parat habe und kein Fan von Medikamenten bin, was es ihm natürlich nicht leicht macht mit mir. Wir sprechen auch offen über meine Arbeit, an die er nicht glaubt, aber durch seine Fragen doch immer wieder Neugierde bekundet. Auf den Punkt gebracht: Ich glaube, ich bin sein ganz persönlicher Tag-Verderber als Patient, auch wenn wir menschlich sehr gut miteinander können.

Ausgerechnet jetzt im Frühjahr, wo ich viele Vorträge halten musste, plagte mich wieder so ein Husten. Auch hier wusste ich, es war Zeit, mal wieder eine Pause zu machen. Aber die gab der Terminkalender nicht her. Als mein Husten bellender war als die Stimmen meiner beiden Hunde, gab ich auf. Ich ging wieder zu meinem Hausarzt. Natürlich hatte ich vorher die Geistige Welt nicht nach der Ursache meines Gebells gefragt, sondern ging vollkommen überheblich (ähm, vielleicht sogar schon dämlich) zu meinem Hausarzt.

„Ich huste mal wieder, ich arbeite wieder zu viel – gleiches Spiel wie im Herbst."

Dem Himmel sei Dank, mein Hausarzt gibt nicht immer etwas auf mein Geschwätz und ist sehr gründlich. Er untersuchte mich sorgfältig, was mich in meiner Ungeduld innerlich schon wieder auf die Palme brachte, und sagte:

„Hm, ich sehe das anders. Ich wette, das ist dieses Mal eine Allergie."

ALLERGIE – ICH??? Er musste sich täuschen. Konnte das sein? Er wettete mit mir und gab mir eine Allergie-Tablette mit, um zu testen, ob er Recht hatte. Was soll ich kleinlaut sagen? Er hatte Recht, mein Husten war eine Stunde nach Einnahme dieser ungeliebten Tablette für fast 24 Stunden weg. Das gab mir wirklich zu denken.

Ich wandte dann Trick 17 an und nahm die Allergietabletten nicht, sondern gab sie mir energetisch. Hatte die gleiche Wirkung. Trotzdem war das unbefriedigend: Woher kam diese Allergie? Und, noch schlimmer: Warum hatte ich nicht die Geistige Welt zu meinem Husten befragt, sondern automatisch die gleichen Schlüsse wie beim letzten Mal gezogen? Grober Anfängerfehler. Da will ich das ganze Jahr ein gutes Medium sein und mache bei mir selbst so einen Blödsinn. Hätte mir einer meiner Schüler das erzählt, hätte ich wohl gesagt: „Was bringe ich euch bei?"

Ich weiß nicht, was mich stärker berührte: Das Thema Allergie oder meine Überheblichkeit. Das war wieder eine großartige Lehrstunde der Schule des Lebens und wusch mir ordentlich den Kopf.

Ihr merkt schon, immer wenn ich innerlich den Größenwahn habe, gibt es einen Dämpfer, und ich bin wieder voll auf dem Boden. Ich bin der Geistigen Welt und meinem Tunnelblick sehr dankbar für Lehrstunden dieser Art. So kommt man immer wieder an den Punkt, an dem man dazulernt und einem wieder bewusst wird, immer über den Tellerrand hinauszuschauen. Nichts ist fataler, als immer das Gleiche vorauszusetzen, aber ich denke, ich habe die Lektion jetzt (bis zur nächsten Lehrstunde) verstanden.

Hinzu kommt, dass ich seit meinem 19. Lebensjahr eine Allergie gegen Walnüsse habe und diese vermeide wie der buchstäbliche Teufel das Weihwasser. An dem Thema Allergien war ich noch nie dran. Mein Mann, ein großartiger geistiger Heiler, ist genial darin, Allergien wegzumachen. Tauchte so etwas bei meinen Klienten auf, ließ ich ihm immer den Vortritt und beschäftigte mich nicht weiter damit. Da ich jetzt erneut auf das Thema Allergien gestoßen wurde, war mir klar: Das Thema will bearbeitet werden. Ich kaufte mir eine Tüte Walnüsse und beschloss, gemeinsam mit der Geistigen Welt damit zu experimentieren. Mir ist schon klar, was meine Leser denken: Wieder so überheblich, doktert selbst an sich herum. Mag stimmen, aber nur so kann man testen und lernen.

Dass ich hier mit dem Feuer spielte, war mir schon bewusst. Ich vermied bisher alle Walnüsse, da mir bei der ersten Nuss die Zunge wie taub wird und bei weiterem Genuss der Hals zugeht. Bisher ging ich einfach den Nüssen aus dem Weg, das war für mich so selbstverständlich, dass ich auch niemals auf die Idee gekommen wäre, mich von meinem Mann behandeln zu lassen. Spannend ist übrigens, dass mein Bruder genau die gleiche Allergie hat, meine Eltern aber nicht.

Zurück zu meiner frisch gekauften Tüte Walnüsse. Mir war klar, wenn die Geistige Welt mir eine Antwort lieferte, musste ich das testen.

Ich brauchte die Ursache, die Art der Behandlung und eine Übung. Gerade als ich dabei war, diesbezüglich eine klare Bestellung an die Geistige Welt abzugeben, dachte ich: Warum probiere ich es nicht mit der Blitzheilungsmethode nach Toularion zuerst aus? Gedacht getan. Ich channelte mir zwei Zahlen, eine schrieb ich auf den Hals, die andere auf die Stirn, so, wie Toularion es mir diktierte. Dann nahm ich drei Walnüsse aus der Tüte und begann zu essen. Natürlich passierte nichts. Wusste ich doch von vielen Menschen in meiner Umgebung, dass sie sich so bei Allergien helfen, und es funktionierte.

Aber da war sie wieder, die Krux der Blitzheilung. Für den Moment war die Allergie durch die Zahl lahmgelegt, aber es war nicht die seelische Ursache aufgedeckt, und es hielt auch nicht auf Dauer an. Es reichte an Information einfach noch nicht. Also mussten die Atlanter ran. Ich holte mir Nourina in mein Energiefeld, um nach den Ursachen von Allergien zu fragen. Die Antwort war für mich sehr spannend.

Nourina zum Thema Allergien:

Menschen haben ein komplexes Zusammenspiel im Körper. Nerven, Zellerinnerungen, jeder Wassertropfen im menschlichen Körper – alles speichert jeden emotionalen Schock, jede Verletzung genauso ab wie die Psyche eines Menschen. Hier muss nicht immer ein großes Trauma vorliegen, es können auch schon Kleinigkeiten reichen. Beim Erleben eines solchen Ereignisses speichert der Körper mit allen Sinnen ab. Auch die Düfte, die gerade in der Luft liegen, Pollen, die fliegen, Nahrungsmittel, die ihr esst. Es gibt eine Momentaufnahme, in der alles ringsherum im Unterbewusstsein und im kompletten Körper abgespeichert wird. Es entsteht eine Verknüpfung. Stell dir deinen Körper als Lokomotive vor und jedes Element, das in solch einem Moment von außen abgespeichert wird, als Schienensystem.

(Anmerkung der Autorin: Ich habe auch einen Moment gebraucht, um dieses Bild zu erfassen und möchte es an einem Beispiel verdeutlichen:

Anna (acht Jahre alt) bekommt von ihrem Vater ein Stück Trauben-Nuss-Schokolade. Die Mutter kommt hinzu. Da sie der Meinung ist, die Tochter hätte genug Süßes und sie sehr gestresst ist, reagiert sie über und bricht vor der Tochter einen riesigen Streit mit ihrem Mann vom Zaun. Anna macht das furchtbare Angst, sie fürchtet, ihre Eltern könnten sich trennen. In diesem Moment speichert der Körper alles sehr komplex ab. Der Geschmack der Schokolade auf der Zunge, der Duft, der in der Luft liegt – einfach alles. Anna ist die Lokomotive, der Streit, der Schock und die Schienen der Geschmack der Schokolade, der Duft der Luft...)

Jahre später kommt erneut ein Trauma auf, das nur mit einem Komponenten des damaligen Schienensystems übereinstimmt. Der menschliche Körper hat ein unglaubliches Zell- und Situationsgedächtnis und entlädt diese Übereinstimmung in Form einer Allergie. Da ihr Menschenkinder inzwischen von viel mehr Dingen umgeben seid wie noch vor 50 Jahren, nehmen die Allergien zu. Denk nur daran, welche exotischen Speisen und Gewürze inzwischen allein bei dir zu Hause eingezogen sind, Dinge, die deine Vorfahren nicht kannten. So speichert der Körper immer mehr ab, wenn ein Trauma entsteht."

Okay, das klang einigermaßen verständlich. Doch auch wenn ich den Hintergrund meiner Allergien jetzt verstanden hatte, verstand ich noch nicht, welche seelische Ursache, welches Trauma ich abgespeichert hatte. Dass an dieser Theorie etwas dran war, zeigte sich mir schon daran, dass mein Bruder die gleiche Allergie hat. Es musste also etwas sein, das wir beide als traumatisch erlebt hatten. Doch wie konnte man das am besten behandeln?

Dieses Mal gab es von Toularion folgenden Arbeitsablauf:

Nimm dir einen Moment Zeit, bevor du mit der Behandlung beginnst, und stell dir vor, dass von deinem Herzen eine Regenbogenbrücke zum Herzen deines Klienten geht. Bitte jetzt im Kopf Erzengel Raphael und den Hohen Rat von Atlantis, dir zu helfen, die Allergie aus dem Energiefeld deines Klienten zu löschen, und lege deine beiden Hände auf die Schulter deines Gegenübers. Rufe dir in den Kopf, dass dein Klient die Lokomotive ist. Du brauchst weder das Trauma, das wirklich dahinter steht, zu kennen, noch zu wissen, wie sich die Allergie körperlich auswirkt.

Jetzt stellst du dir vor deinem geistigen Auge Schienen vor wie bei einer Modeleisenbahn. Jede Schiene steht für eine der Umwelteinflüsse oder etwa der Nahrungsaufnahme, die mit diesem Moment verknüpft ist. Jede einzelne Schiene, die jetzt vor deinem inneren Auge erscheint, nimmst du so gut du kannst, mit allen Sinnen wahr. Du musst nicht wissen, wofür jede Schiene steht. Wichtig ist, dass du eine genaue Anzahl siehst, weißt oder fühlst.

Jetzt bittest du Erzengel Raphael gemeinsam mit dem Hohen Rat von Atlantis, jede einzelne Schiene aus dem Energiefeld deines Klienten zu löschen. Durch deine Hände auf den Schultern des Klienten läuft ein automatischer Prozess ab. Die Hände lässt du so lange liegen, bis du keine Schienen mehr wahrnimmst.

Anschließend nimmst du die Zeigefinger deines Gegenübers in beide Hände und sagst 3-mal leise vor dich hin: „Wir setzen den Körper in die Ursprungsenergie NULL zurück und speichern diesen Zustand jetzt im Energiefeld ab." Lass diese Energie fließen, bis du ein natürliches Stopp-Gefühl hast.

Was soll ich sagen? Seit ich das mit einer Schülerin ausprobiert habe, bin ich tatsächlich allergiefrei. Eine spannende Sache für mich.

Magst du es ausprobieren? Die Methode ist frei von Nebenwirkungen...

Der emotionale Panzer

Diese Übung war für mich mit einem absoluten Aha-Effekt verbunden. Als ich sie meiner Freundin, Autorin und Hula-Lehrerin Monja Hämmerle, zeigte, meinte sie nur: „Genau diese verwende ich immer in meinen Lomi-Lomi Massagen (Massagetechnik aus Hawaii). Das ist eine alte Technik."

Das verblüffte mich und tat es doch wieder nicht. Ist mir doch schon oft klar geworden, dass die Atlanter ihren Untergang vorausgesehen und ihr heiliges Wissen durch verschlüsselte Implantate bei zahlreichen Menschen abgespeichert hatten. Einiges von diesem alten Wissen ist eng verbunden mit der Huna-Lehre in Hawaii. Spannend für mich war nur, dass diese Bedeutung Monja nicht bewusst war.

Wir alle tragen einen emotionalen Schutzpanzer wie eine Ritterrüstung vor uns her. Wir beginnen bereits in der Kindheit damit, ihn anzulegen, und je älter wir werden, desto mehr speichern wir Schutz ab, nehmen unser Gefühl zurück. Unterdrückte Gefühle, Angst vor Verletzungen oder gar tiefe seelische Verletzungen versuchen wir, an diesem Schutzpanzer abprallen zu lassen. Doch er ist auch schwer, dieser Panzer, und er trennt uns von unserem Bauchgefühl ab. Die Lösung dieser Punkte ist oft ein wenig schmerzhaft, aber es fühlt sich gut an.

Wie finde ich die Punkte?

Nimm beide Zeigefinger und lass sie links und rechts außen an deinem oberen Brustkorb mit LEICHTEM DRUCK kreisen. Du weißt sofort, dass du richtig bist, da es gerade am Anfang ziemlich schmerzhaft ist.

Das machst du ca. zwei Minuten lang. Diese Übung sollte man ziemlich oft wiederholen. Alte Schwere darf gehen, Leichtigkeit kommen. Sofort wird in der Regel die Atmung freier, und das Herzchakra weitet sich. Wir spüren wieder viel intensiver.

Diese Punkte helfen auch, nicht verarbeitete Trauer in die Aufarbeitung zu bringen. Simpel, aber äußerst effektiv.

Viel Freude beim Ausprobieren.

Eine kleine Übung zur Schulung der Medialität

Jeder von uns ist medial, es stellt sich nur die Frage, will ich es ausleben oder nicht. Wenn ich diese Frage für mich mit JA beantworte, ist es wichtig zu erkennen, wie mein persönlicher Zugang zur Geistigen Welt angelegt ist. Wenn ich weiß, über welche Kanäle ich empfange, gewinne ich Sicherheit.

Den meisten von uns fehlt Vertrauen in ihre Kommunikation mit der Geistigen Welt. Diese Unsicherheit lähmt und wird oft als Blockade wahrgenommen. Was den meisten Menschen nicht bewusst ist: Mit ein wenig Übung und Training lässt sich diese Sicherheit aktivieren. Genau darauf zielt diese Übung ab: Hilfe zur Selbsthilfe, um das benötigte Vertrauen herzustellen und klar und sicher mit der Geistigen Welt zu kommunizieren.

Übung:

Schließe die Augen und stell dir eine Kerzenflamme vor. Achte jetzt genau auf deine Wahrnehmung. Siehst du sie klar als Bild, oder weißt du einfach über den Verstand, dass sie da ist? Wie zeigt die Flamme sich?

Lass die Flamme jetzt einige Male bewusst größer und kleiner werden. Schärfe dabei alle deine Sinne, achte auf jede Kleinigkeit beim Erfassen der Flamme.

Puste jetzt die Flamme aus. Kannst du das vor deinem inneren Auge? Kannst du den Geruch wahrnehmen, wenn die Flamme erlischt?

Trainiere das einige Male, bis du dir sicher bist, wie du alles wahrnimmst. Dann bitte Nourina, Toularion oder deinen Schutzengel, sich in der Flamme zu zeigen. Bleib jetzt ganz bei dir und dem Bewusstsein, dass immer der erste Impuls richtig ist. Er ist noch nicht vom sogenannten inneren Denker zerpflückt.

Das ist eine simple Einsteigerübung mit dem Potenzial, dir eine Brücke beim Zugang zur Geistigen Welt zu bauen.

Wenn du hin und wieder trainierst, gewinnst du an Sicherheit, und vielleicht fallen dir dann die anderen Übungen aus diesem Buch leichter.

Die Sache mit der Angst

Meistens ist es die Angst, die der kompletten Heilung im Weg steht. Aber nicht nur das, Ängste nehmen uns die Lebensqualität. Und hier spielt es keine Rolle, um welche Art von Angst es sich handelt.

Die Natur hat keine Emotion ohne Grund eingerichtet. Angst schärft unser Alarmsystem und ist gekoppelt mit dem Überlebensmuster. Zu viel Angst allerdings nimmt uns Lebensqualität.

Wie kann ich Ängste überhaupt lösen?

Hier macht es einen Unterschied, ob du mit dir alleine arbeitest oder mit jemand anderem.

Nourina und Toularion haben mir diese Übung gemeinsam wie folgt übermittelt:

Geliebte Kinder, wir wünschen euch allen ein Leben ohne Angst. Wir spüren, dass Angst ein mächtiger Komplize der Dunkelheit ist, Menschen überrennen kann und ihnen ihre Lebensqualität stiehlt. Depressionen, Burn-out – gibt es das eigentlich? Oder sind es nicht andere Worte für das Paket Ängste, Überlastung und keinen Zugang zum eigenen Seelenplan zu haben?

Wir sehen vieles aus einem anderen Blickwinkel als ihr. Seid euch sicher, die Geistige Welt hat euch keine Prüfungen auf den Weg gelegt. Diese Erfahrungen zu machen habt ihr entweder selbst für euren Seelenplan beschlossen, oder ihr habt verlernt, euch positiv auszurichten. „Energie folgt der Aufmerksamkeit" sind keine leeren Worte. Wenn du das Gefühl hast, am Boden zu liegen, stecke dir Ziele, hohe Ziele. Träume dich regelrecht dahin und bitte darum. Du wirst sehen, egal, in welcher Situation du steckst, alles darf sich zum Positiven wenden. Du musst es nur aus vollem Herzen wollen. Rufe uns, wir helfen dir sehr gerne dabei, deine Träume zu verwirklichen.

Wir möchten euch so gerne dienen, um euch eine Regenbogenrutsche in Glück und Fülle zu bauen.

Nourina und Toularion

Zur Übung für dich alleine:

Hole dir deine Angst ganz bewusst ins Gedächtnis.

Nimm sie wahr, begrüße sie.

Nimm einen tiefen Atemzug und sage der Angst: „Ich habe dich wahrgenommen, lasse dich aber jetzt los." Dabei legst du deinen rechten Daumen auf die obere, vordere Fingerkuppe des linken Zeigefingers und machst kräftige, kreisende Bewegungen mit dem Daumen. Du wirst sofort spüren, wie die Angst nachlässt. Mach das so lange und so oft, bis du dich frei von Angst fühlst.

Wenn du an jemandem arbeitest:

Setze dich ihm/ihr gegenüber. Mache dir klar, dass die Ängste im Unterbauch sitzen. Daher sind sie oft eng verbunden mit Darmproblemen, wie etwa Durchfall. Nimm jetzt von deinem Gegenüber beide Zeigefinger und umschließe sie mit beiden Händen. Sprich jetzt 3-mal leise: „Eintauchen in die 7.Dimension“, und lass dann kurz diese Energie fließen. Dein Gegenüber wird sich schon entspannen, und die entsprechende Öffnung erfolgt.

Bitte jetzt den Hohen Rat von Atlantis, die Angstschublade deines Klienten zu leeren. Wiederhole diese Bitte 3-mal leise und lass die Energie fließen, bis du ein natürliches Stopp-Gefühl erhältst. Bitte deinen Klienten, aufzustehen und zu kontrollieren, wie sich der Körper verändert hat. Beine und Rücken sind meistens leicht, empfindliche Menschen reagieren kurz mit etwas Schwindel.

Dann bittest du die Person, sich auf ihre Angst zu konzentrieren und hineinzuspüren. Dein Klient sollte die Angst an dieser Stelle begrüßen und sie akzeptieren. Dann wiederholst du an seiner Fingerkuppe, was du in der obigen Übung für dich getan hast. Geschafft?

Dann nimm wieder die Zeigefinger deines Gegenübers und gib jetzt folgende Bitte 3-mal leise ab: „Sämtliche Angstenergie aus der Zellerinnerung löschen.“ Lass diese Energie so lange fließen, bis du ein natürliches Stopp-Gefühl erhältst. Bitte deinen Klienten jetzt, aufzustehen und einige Schritte zu gehen. Wenn er dir positives Feedback gibt, sich leicht fühlt, nimmst du wieder die Finger und speicherst den jetzigen Zustand in der Zellerinnerung ab, indem du wieder 3-mal leise diese Bitte abgibst. Solltest es deinem Gegenüber noch etwas schwindelig sein, stabilisierst du ihn einfach, indem du über die Finger noch 3-mal das Wort Stabilität laufen lässt.

Eine simple Übung mit großer Wirkung! Sie macht vieles leichter, und der Körper reagiert sofort positiv darauf.

Astralreisen

Bei vielen Menschen ein großes Thema. Was bedeutet Astralreisen? Die Wissenschaft erklärt es kurz und bündig mit außerkörperlichen Erfahrungen, bei denen man seinen Körper von außen beobachten kann. Als Gründe nennt sie hierfür zum Beispiel Kreislaufversagen, Fehlschaltungen des Gehirns oder Schock durch Unfälle.

Ich hingegen schließe mich der spirituellen Meinung an, dass wir alle in unserer Tiefschlafphase außerkörperliche Erfahrungen machen und unsere Seele auf Reisen geht. Das erinnert mich an meine erste Astralreise, die ich im völligen Bewusstsein miterlebte, weil sie so megatypisch für mich war. Wer mich kennt weiß, dass ich zum einen kein Fettnäpfchen auslasse, und mir zum anderen ständig irgendwelche Missgeschicke passieren.

So auch bei dieser Astralreise.

Ich spürte deutlich, wie ich unter Anleitung eines Adlers durch die Lüfte flog. Ein wunderbares, erhebendes Gefühl. Wir flogen um eine Burg in Österreich (keine Ahnung, woher ich das weiß!), mit wunderschönen rot-weißen Klappläden an den Fenstern. Ich habe mich noch nie so frei gefühlt und neugierig alles betrachtet. Natürlich war ich wieder ungeduldig und hörte meinem Lehrmeister, dem Adler, nicht zu. So entging mir, dass er mich vor einem Aufwind warnte und mir ein Flugmanöver zurief. Es kam, wie es kommen musste: Ich knallte regelrecht gegen einen der rot-weißen Klappläden, segelte nach unten und landete unsanft auf dem Hosenboden, was mir das Gelächter des Adlers und einige sehr lehrreiche Minuten einbrachte. Der Adler erklärte mir nämlich, dass ich auf der Erde auch viele Minuspunkte bei anderen Menschenkinder sammeln, weil ich nicht richtig zuhören würde. Was soll ich kleinlaut dazu sagen, außer: Er hatte leider Recht, und seit diesem Tag bemühe ich mich wirklich, ein besserer Zuhörer zu werden. Spannende Geschichte!

Ich habe viel Freude an Astralreisen, die mir im Gedächtnis bleiben. Doch leider sind es zu wenige.

Hierzu hat mir Toularion einen Ablauf übermittelt, der es mir viel leichter macht:

Energie folgt der Aufmerksamkeit. Lege dir in den Kopfkissenbezug einen Zettel, auf dem du Folgendes notiert hast: „Ich unternehme heute Nacht eine bewusste Astralreise und bedanke mich schon jetzt bei der Geistigen Welt für ihre Unterstützung." Stell dir vor, dass dein Bett auf einem riesigen Larimar-Stern steht. Larimar ist der Edelstein, der den Atlantern zugeschrieben wird. Er hat eine wunderschöne, hellblaue Färbung, und seine Energie ist eng verbunden mit der Spiritualität, die im verschlossenen Schatzkästchen in uns schlummert. Schreibe dir dann noch mit dem Finger die Zahl 144 auf die Stirn.

Achte darauf, dass du beim Abendessen auf alle schweren und fettigen Sachen verzichtest.

Ich empfehle dir, Papier und Bleistift neben dein Bett zu legen und die Erlebnisse sofort zu notieren. Unsere Seele erhält viele wertvolle Lektionen in der Nacht, insbesondere Input zu unserer Spiritualität. Ich wünsche eine angenehme Reise.

Implantate?

Implantate waren für mich nie ein Thema, sondern immer ganz weit weg. „Spinnertes Zeug", dachte ich immer. Bis zu dem Tag, an dem ich bei meiner Freundin Monja Hämmerle eine Lomi-Lomi-Massage erleben durfte. Ich war auf Monjas Liege völlig weg – eingetaucht in eine andere Welt – und genoss es mit vollen Zügen. Auch bei der Nachbesprechung schwebte ich noch in anderen Sphären. So hörte ich zwar, wie Monja mir sagte, dass sie bei mir zwei atlantische Implantate wahrgenommen und diese auch entfernt hätte, war aber noch so eingehüllt in meiner Glückswolke, dass ich das Gehörte gar nicht aufnehmen konnte.

Die nächsten drei Tage verliefen komisch. Ich war spirituell völlig abgetrennt und brachte nichts zustande. Meine beste Freundin Birgit war meine Ansprechpartnerin, und gemeinsam gingen wir alles durch. Da fielen mir die Implantate wieder ein. Birgit beschloss, das Experiment zu wagen, die Implantate durch Theta Healing® wieder zurückzuholen. Siehe da, es funktionierte. Sofort war meine Anbindung wieder da, und zwar intensiver als vorher. Das beschäftigte mich. Sollte es Implantate wirklich geben? Ich sprach auch mit Monja, die von der Geistigen Welt den Impuls erhalten hatte, diese Implantate zu entfernen. Jetzt, Wochen später, ist mir auch klar warum: Ich musste diese Lernerfahrung machen, sonst hätte ich so etwas niemals für möglich gehalten. Okay, ich war angefixt. Was sind Implantate, warum werden sie gesetzt, was beinhalten sie? Ist das eine Wahnvorstellung oder real? Ein wenig unheimlich war mir das alles schon.

Also googelte ich mich regelrecht durch das Netz, aber das war nicht wirklich erhellend.

Wikipedia erklärt ein Implantat so:

*Ein **Implantat** (von lat. in- ‚hinein' und plantare ‚pflanzen') ist ein im Körper eingepflanztes künstliches Material, das permanent oder zumindest für einen längeren Zeitraum dort verbleiben soll. Dabei unterscheidet man häufig nach medizinischen, plastischen und funktionellen Implantaten. Im Gegensatz zum Implantat bzw. zur Endoprothese wird eine Exoprothese außen am Körper angebracht.*

Brachte mich das jetzt weiter? Nein, es verstärkte das unangenehme Gefühl in mir eher noch. Es dauerte ganz schön lange, bis ich endlich auf die Idee kam, die Atlanter nach diesen Dingen zu fragen. Das Naheliegende ist ja bekanntlich oft so fern. Toularion und der Hohe Rat zeigten sich auch sofort komplett. Ui, das kam wirklich selten vor. Sie wirkten feierlich, und das war mir schon wieder unheimlich. Ihr merkt, selbst Menschen, die mit medialer Arbeit ihr Geld verdienen, haben hin und wieder Vorbehalte.

Toularion lächelte, er spürte genau, wie unheimlich mir das gerade alles war. Das Erste, was er an mich richtete, war eine Frage: Wie hast du dich ohne Implantate gefühlt? Toll, da hätte ich jetzt gleich einen ganzen Negativ-Katalog aufzählen können. Ich habe mich abgetrennt, leer und fern der Spiritualität gefühlt. Aber sollte das heißen, meine Spiritualität wäre fremdgesteuert? Jetzt wurde es mir echt elend. Aber würde das nicht erklären, warum meine Spiritualität innerhalb kürzester Zeit von nahezu null auf hundert geschossen ist? War das mit dem Verstand wirklich noch zu erfassen? Ich war, ehrlich gesagt, am Verzweifeln, je mehr ich mich diesen Fragen stellte.

Toularions Augen sind immer voller Güte, ich vertraue ihm, weil er mir schon so oft mit Eingebungen und Informationen aus der Patsche geholfen hat, aber das war gerade für meinen Verstand eine Nummer zu hoch.

Toularion erklärte mir das so:

Alle Menschenkinder, die derzeit auf Erden weilen, haben Wurzeln von alten, untergegangenen Hochkulturen. Menschen, die den Untergang vorausgesehen hatten, hatten ihr Wissen retten wollen und es alchemistisch in Implantate gebunden. In der Akasha-Chronik legten sie selbst fest, in welchen Leben diese Implantate sich öffnen sollten und altes Wissen zum höchsten Wohl der Menschheit zum Vorschein kommen durfte. Natürlich wurde auch hier von manchen Menschen manipuliert und die beeinflussende, negative Energie abgespeichert.

Leider neigt ihr Menschen dazu, alle Implantate für schlecht anzusehen. Was wir verstehen können, da einige Machthungrige auch wirklich Manipulierendes abgespeichert haben. Menschen, die ein riesiges Machtgefühl in sich spüren, werden in der heutigen Zeit keinen Zugang zu ihren Implantaten erhalten, dafür hat die Geistige Welt gesorgt, da die Erde gerade energetisch, weltpolitisch und menschlich durchgeschüttelt wird. Die Engel sind dabei, nach und nach alle Manipulations-Implantate zu löschen, damit niemand mehr darauf zurückgreifen kann, doch auch das bedarf sorgfältiger Bearbeitung. Deshalb sind wir Atlanter als Wächter der Implantate an der Seite der Menschheit.

Puh, das war für mich ein Input, den ich erst mal verdauen musste, und immer noch unheimlich. Allerdings, wenn ich an mein Implantat dachte, den Spirit daraus spürte, dann war ich irgendwie dankbar dafür. Doch ein negativer Beigeschmack blieb tief in mir. Ich hatte immer noch keine Klarheit. Das klang alles nach einem schlechten und billigen Roman.

Für mich, die Verschwörungstheorien und Ähnliches regelrecht ablehnt, war das eine harte Prüfung.

Doch Nourina brachte Licht in die Dunkelheit, indem sie Folgendes erklärte:

Viele Menschen treten spirituell auf der Stelle. Sie sind neugierig, interessiert und spüren: Hier ist meine Grenze. Ich komme nicht weiter. Gerade bei solchen Menschen ist es sinnvoll, ein Implantat zu öffnen. Ständige Migräne deutet oft auf ein Implantat im Kopf hin, das unbedingt sein Wissen freisetzen möchte.

Implantate liegen immer im Kopf, Nacken- und Herzbereich. Nur diese Implantate sollte man öffnen. Aber aus einem ganz wichtigen Wissen heraus: DARIN IST KEIN FREMDWISSEN ABGESPEICHERT, SONDERN DIE SPIRITUALITÄT AUS EINEM VORLEBEN IN EINER HOCHKULTUR.

Ja, das nahm mir die Angst, erklärte den Anstieg meiner Spiritualität und machte mir klar: Wir sind nicht fremdgesteuert.

Wie kann ich mein Implantat öffnen und Zugang erhalten? Bei mir geschah die Öffnung von allein, nachdem ich an einem absoluten Tiefpunkt in meinem Leben war und mich fragte, ob ich noch tiefer fallen könnte. Es kamen die richtigen Menschen in mein Leben, alles nahm eine Wendung, die niemand hatte voraussehen können, und meine Spiritualität blühte auf, und das völlig ohne Kurse oder Lehrer. Toularion meinte dazu lapidar: „ Es war einfach an der Zeit bei dir."

Wieder war es Nourina, die mir die Übung zeigte, wie man sein Implantat aktivieren kann.

Wichtig ist hier: Ausprobieren, hinterfragen kannst du hinterher.

Wenn du Lust hast, dein eigenes altes Wissen zu öffnen, hab keine Angst, sondern lass es fließen. Wir haben alle viel Heilwissen, Heilmethoden und unglaubliches Seelenwissen abgespeichert. Sei dein eigener Guru – werde damit dein eigener Guru...

Zur Übung:

Lege die Hände mit der Handfläche nach unten auf deine Knie. Bitte jetzt die Geistige Welt, den Türöffner zur Siebten Dimension zu öffnen. Wiederhole diese Bitte in Gedanken 3-mal und lass dann durch deine Hände die Energie fließen. Genieß diese Energie, denn in der Siebten Dimension ist die komplette Seele zu Hause. Es ist ein Gefühl der Leichtigkeit, ein Schweben abseits von Raum und Zeit.

Nimm einen tiefen Atemzug und bitte jetzt die Geistige Welt, hier und jetzt alle fehlenden Seelenanteile wieder zusammenzufügen. Auch hier empfiehlt es sich, die Bitte 3-mal zu wiederholen und diese Energie in deine Knie fließen zu lassen. Lass es so lange fließen, bis du ein natürliches Stopp-Gefühl erhältst.

Stehe jetzt auf, gehe einige Schritte hin und her und teste, wie du dich fühlst. Bleib aber bitte in der Stille. Setze dich wieder und bitte die Geistige Welt, die Hüter der Implantate von Atlantis zu rufen und um einen kurzen Impuls, damit du sie wahrnehmen kannst. Gegebenenfalls auch durch die Kerzenflammen-Übung, die du weiter vorne im Buch findest.

Bitte jetzt darum, dass dein Implantat zum höchsten Wohl aller Menschen geöffnet wird und dein positiver Spirit sich entwickeln darf. Sage laut und deutlich: „Ich nehme meine Spiritualität an und bin bereit, das Wissen zuzulassen und in den Dienst der Menschheit zu stellen.“ Spüre hinein. Wo sitzt dein Implantat? Du wirst es deutlich fühlen können. Fühle, wie das Implantat sich ausbreitet.

Vor deinen inneren Augen erscheint jetzt ein Schlüssel. Wenn du wirklich bereit bist, erlaube, mit dem Schlüssel das Schloss im Implantat zu öffnen. Lege jetzt wieder deine Hände auf die Knie und lass die Energie: „Öffnen des Implantats fließen lassen" dazu wirken, so lange, bis du ein natürliches Stopp-Gefühl erhältst. Bleib in der Energie einen Moment sitzen und bitte die Geistige Welt, dich jetzt zu stabilisieren.

Bedanke dich bitte bei allen Beteiligten und deinem Höheren Selbst.

Danach empfiehlt es sich, einige Schritte zu gehen.

Achtung: Es dauert 28 Tage, bis sich das Wissen des Implantats völlig entfaltet hat und du darauf zugreifen kannst. Toll ist es, wenn du diese Übung bei abnehmendem Mond machst. Es erleichtert den Zugang ungemein.

Das Geheimnis der Weiblichkeit

Ich sehe schon alle Männer seufzen und das Kapitel überspringen. Bitte tut das genau an dieser Stelle nicht. Jede Seele hat einen männlichen und weiblichen Anteil. Vielleicht fällt es dir mit diesem Satz im Hinterkopf leichter, entspannt weiterzulesen.

Doch für uns Frauen ist das schwierig. Wie oft hören wir Sätze wie: Finde deine Mitte, versöhne dich mit deiner Weiblichkeit, nimm deine Weiblichkeit einfach an...

Ja, WIE denn, Himmel nochmal? Spannende Fragen, und ich möchte hier den Input dazu von Nourina aufzeigen.

In der Blütezeit von Atlantis waren sich die Menschen des Yin- und Yang-Prinzips bewusst. Das tiefe Wissen der weisen Frauen wurde genauso geachtet wie das der weisen Männer. Es war eine Einheit. Wenn wir uns das Symbol der Blume des Lebens vor Augen rufen, wird uns bewusst, dass für die perfekte Schwingung des Symbols jedes Rädchen in das andere greifen muss. Nur so ist die Energie in Harmonie. Genauso verhält es sich mit den männlichen und weiblichen Anteilen in uns. Sind beide Anteile ins uns im Einklang, fühlen wir uns auch in unserer wirklichen, kraftvollen Mitte.

Hierzu eine kleine Übung:

Schließe bitte die Augen und atme einige Male vollkommen locker und entspannt ein und aus. Bitte jetzt deinen männlichen und deinen weiblichen Anteil, sich auf jeweils 50 Prozent einzupendeln. Klingt komisch, aber in unserem Wunderkörper läuft ein Automatismus ab – er weiß automatisch, was er zu tun hat.

Bleib jetzt ruhig stehen und spüre, was sich in dir verändert. Ich möchte dich einladen, an dieser Stelle mit den einzelnen Anteilen zu spielen. Setze doch mal einen Anteil auf 30 Prozent und den anderen auf 70. Wie fühlst du dich jetzt?

Es mag dir am Anfang vielleicht seltsam erscheinen, aber es wird dir dabei auch klar werden, wie perfekt Mutter Natur alles in Einklang hält, und du wirst ein tieferes Bewusstsein für dich selbst erhalten.

In der Blütezeit von Atlantis konnten die einzelnen Rädchen perfekt ineinandergreifen. Doch wie alle Hochkulturen stolperten sie irgendwann über das Streben nach Macht, sich über den anderen erheben wollen.

Nourina berichtete es mir so:

Gaidaron und seine Anhänger sagten sich von der Gemeinschaft los, er wollte die alleinige Herrschaft mit seinen Anhängern erzwingen. Die friedliebenden Atlanter waren durch die Weissagungen der weisen Frauen zwar gewarnt, doch wie so oft glaubte die Masse einfach an den guten Ausgang. Ja, diese Geschichten haben sich in allen Epochen wiederholt, ich weiß. Gaidaron wusste, dass die Seherinnen von der Insel Perveka (angeblich heute die griechische Insel Santorin) die größte Gefahr für sein Machtstreben darstellten. So kam es, dass er alle Seherinnen dieser Insel verschleppen ließ. Die Frauen sahen zwar ihr Schicksal voraus, jedoch fehlte ihnen die Kraft, etwas zu unternehmen. Sie fanden auch kein Gehör, niemand glaubte ihnen. Das erste Ungleichgewicht war gegeben, ein Rad drehte nicht mehr und konnte somit nicht mehr in das nächste greifen. Die Seherinnen wurden in einer Höhle gefangen gehalten, und so zog der Unfriede in Atlantis ein.

Wohin das führte, wissen wir alle: Untergang einer Hochkultur, und das war der Beginn der Geschlechtertrennung, obwohl wir doch eigentlich alle gleich wichtig sind. Jeder Mensch ist ein Rädchen, und nur gemeinsam läuft das Rad des Lebens rund.

Das klingt alles sehr weit hergeholt, doch nimm dir einmal Zeit und spüre hinein.

Wenn ich eine atlantische Meditation mache, begegnen mir diese Frauen in ihrer Höhle sehr oft. Oft verbinde ich mich mit ihrer Kraft und Weisheit und bin immer erstaunt, welchen Blick in die heutige Zukunft ich dadurch werfen darf.

Möchtest du es ausprobieren?

Hier ein kleiner Meditationstext:

Mache es dir bequem. Strecke dich noch einmal und nimm dann die Haltung ein, die wirklich bequem ist. Fixiere jetzt einen Gegenstand im Raum und zähle dabei langsam bis Fünf. Bei Fünf schließt du bewusst die Augen und lässt dich einfach einen Moment fallen. Gedanken dürfen kommen und gehen, du hältst keinen fest.

Nimm drei tiefe Atemzüge und stell dir jetzt vor, dass du an einem wunderschönen Strand stehst. Nimm einen tiefen Atemzug und atme die Meeresluft intensiv ein. Konzentriere dich auf die Farben des Wassers, nimm alle Schattierungen wahr. Das Rauschen der Wellen kannst du ganz deutlich wahrnehmen. Vorsichtig streckst du deine Hand ins Wasser. Wie fühlt es sich an?

Am Horizont taucht ein kleiner Delfin auf. Er kommt näher, und du spürst, dass er dich einlädt, ihm zu folgen. Du gehst ins Wasser, streichelst und begrüßt ihn. Er stupst dich an und bedeutet dir, dich gut an ihm festzuhalten. Und schon geht die Reise los, durch Raum und Zeit. Eine Luftblase bildet sich um deinen Kopf, die deine Atmung versorgt, und schon geht es einen Moment in die Tiefe, hinein in eine wunderschöne Unterwasserhöhle. Ihr Farbenspiel ist unglaublich. Du nimmst die Luftblase ab, du kannst atmen. Da erblickst du sie, die Seherinnen von Perveka. Sie begrüßen dich herzlich, umarmen dich, sind dankbar, ihr Wissen mit dir teilen zu dürfen und laden dich an ihre Feuerstelle ein.

Es ist ein feierlicher Moment. Eine der Frauen hat an ihrem Gürtel ein kleines Säckchen mit Kräutern hängen. Sie öffnet es und gibt eine Prise davon ins Feuer. Sofort ändert sich die Farbe des Feuers. Gebannt blickst du hinein. Das Feuer teilt sich, und vor deinem inneren Auge entstehen Zukunftsvisionen. Lass es einfach zu, speichere alles ab, was dir jetzt gezeigt wird. Verbleibe einen Moment dort, bis die Flammen kleiner werden und die Visionen erlöschen. Bedanke dich bei den Frauen aus ganzem Herzen.

Nun kannst du wieder in deine Luftblase schlüpfen und mit dem kleinen Delfin, der auf dich gewartet hat, durch Raum und Zeit an die Oberfläche schwimmen.

Komme dann in deinem eigenen Tempo ins HIER und JETZT zurück.

Mein Tipp:

Schreibe sofort auf, was du im Feuer gesehen hast. Übrigens, wenn du ein Händchen für Räuchermischungen hast, kannst du dir die Räuchermischung der Seherin von Perveka selbst herstellen.

Die Menge nimm nach Gefühl, hier die Rezeptur:

Getrocknete Zitrone, etwas Meersalz, Alantwurzel, Ringelblüten, Rosenblätter und etwas getrockneter Ingwer.

In der heutigen Zeit stehen die meisten Frauen oft ihren Mann im Leben. Wenn ihr genau hinschaut, entdeckt ihr das Weibliche in uns immer stärker auf dem Rückzug.

Aber warum erzähle ich das alles? Hier liegt der Ursprung, dass wir uns oft ohne Wurzeln fühlen und nicht verstehen, warum wir uns leer fühlen. Unsere männlichen und weiblichen Seelenanteile sind einfach nicht mehr in der Waage. Inzwischen wetteifern, kämpfen wir um alles – uns fehlt oft die Leichtigkeit. Mann wie Frau stehen ihren Mann. Nicht falsch verstehen, das heißt nicht: Frauen zurück in die Höhle und Männer auf die Jagd. Auch nicht Frauen an den Herd, die Männer schaffen das Geld an. Ich bin dankbar, dass diese Muster überholt sind.

Auch die Weltreligionen haben den Frauen ihre wertvolle Rolle genommen. Ich habe im Religionsunterricht noch gelernt, dass Maria Magdalena eine Hure war. Dass sie die Frau von Jesus war, hat die Bibel ihr einfach abgesprochen. Auch dass sie nach Südfrankreich geflohen war und dort in Jesus Sinn weitergelehrt hatte, wurde einfach in der Bibel unterschlagen. So ging es aber vielen großen Frauen in der Geschichte, ihre Rolle wurde auf ein Minimum reduziert.

Langsam, im Schneckentempo, beginnt die katholische Kirche, offiziell ihren Kurs zu ändern. Und so werden in den nächsten Jahren noch einige Schleier fallen. Und jeder dieser Schleier trägt dazu bei, dass die Weiblichkeit eine neue Bedeutung erhält.

Gehen wir doch noch einmal an das Yin- und Yang-Prinzip. Nur beides zusammen ergibt ein perfektes Zusammenspiel und hilft uns, im Leben wirklich anzukommen.

Übung hierzu:

Segne bewusst den männlichen und weiblichen Anteil in dir und spüre in beide hinein. Du kannst die beiden unterschiedlichen Energien wahrnehmen, die durch deinen Körper strömen. Rufe jetzt Nourina in dein Energiefeld und bitte sie, sich dicht an deinen Rücken zu stellen. Du kannst sie spüren, nimm dir einen Moment Zeit, achte auf jede Kleinigkeit.

Jetzt spürst du, wie sie ihre Hände von hinten sanft auf deine Wangen legt und ihr silberner Farbstrahl dich von oben bis unten flutet. Durch diese sanfte, wellenartige Energie wird sowohl dein männlicher als auch dein weiblicher Anteil gereinigt. Im Anschluss daran verknüpft Nourina die beiden Energien. Du kannst es sofort spüren, da an der Wirbelsäule eine Hitze aufsteigt. Bedanke dich bei Nourina und spüre hinein. Du bist sofort in deiner inneren Ruhe und Mitte.

Nur Mut, auch wenn du vielleicht ein wenig üben musst, um Nourina und ihre Energie zu spüren. Es lohnt sich.

Zum goldenen Schluss

Das Arbeiten mit Nourina hat mir viel Freude gemacht, mich weitergebracht und mir neue Wege eröffnet. Meine Einzelsitzungen sind dadurch sehr bereichert worden, und ich wünsche allen meinen Leserinnen und Lesern, dass sie diese Informationen so nutzen können, dass es auch sie weiterbringt. Ich weiß, dass gerade die Sache mit den Implantaten schwer zu verdauen ist. Trotzdem lohnt es sich, über den Tellerrand zu schauen und mit leichtem Herzen vorauszugehen.

Frei nach dem Motto: Was heilt, ist immer richtig!

Nicht verzagen, wenn etwas auf Anhieb nicht gelingt. Vielleicht fühlst du dich wohler, wenn du in die Übungen deine eigene Note mit hineinbringst. Sieh es nicht als sture Handlungsabläufe, sondern als grobe Vorlagen, die du für dich stimmig machst. Experimentiere, spiele, sei offen. Die Atlanter leisten gerade momentan eine unglaubliche Hilfestellung auf der Erde. Nimm den Flow und ihre Leichtigkeit mit, und deine eigenen Erfolge stellen sich umgehend ein.

Unter www.die-zauberwolke.de findet ihr Informationen über unsere Veranstaltungen und meine Seminare. Vielleicht sehen wir uns ja, ich würde mich freuen.

Ist etwas unklar, schreibe mir unter info@die-zauberwolke.de. Bitte Geduld mitbringen. Ich bekomme momentan am Tag so viele Mails, dass ich einfach Zeit brauche.

Ich entschuldige mich schon jetzt für Wartezeiten.

Herzlichst,

deine Silke

Wie immer noch ein ganz dickes Dankeschön

- An meine beiden Töchter Sarah und Emma. Ihr beide seid etwas ganz Besonderes für mich. Ich bin megastolz auf euch und dankbar für jede Minute, die wir gemeinsam haben;
- An Karl-Heinz, der immer der Fels in der Brandung ist, wenn ich die Nerven verliere;
- An meine komplette restliche Flotter-Familie, für die ich esoterisch und vom anderen Stern bin: Ich hab euch lieb;
- An meine Mädels vom Smaragd Verlag: DANKE FÜR UNSERE ZUSAMMENARBEIT, euer Vertrauen und eure Nerven, die ich vernichte, wenn ich mal wieder zu spät abgebe... Der nächste Besuch kommt bestimmt;
- An meine besten Freundinnen Heike und Birgit: Unschlagbar durch alle Höhen und Tiefen;
- An meinen besten Freund Alex Ermal mit Familie. Du bist der beste große Bruder, den ich haben kann;
- An Bärbel: Danke, dass du eine unsere ersten Kundinnen warst und inzwischen fast Familienmitglied bist;
- An Anita und Egon: Danke für den Urlaub bei euch. Er hat Emma und mir sooooo gutgetan;
- An Jeanne Ruland: Du bist mein Fels in der Brandung, ich danke dir für die Spiritualität, die du in die Welt trägst, und deinen klaren Blick, wenn ich den Wald vor lauter Bäumen nicht sehe;

- An Monja Hämmerle: Für die Sache mit den Implantaten, der weltbesten Lomi-Lomi und diese Tiefe, die uns einfach verbindet. Ihre Homepage: https: www.hausdeswirkens.com
- An Nina und Michael Meyer: Den beiden Engeln meiner neuen Homepage gilt mein besonderer Dank: Unter www.x-mal-besser.de findet ihr sie – der Name ist Programm.

Sowie: Angela und Ralf (wir sollten mal wieder Wasserrutsche fahren), Ute, Bettina, Birgit, Andrea, Funda, Jürgen E. (bester Hundehüter der Welt!), Stephanie Machmerth und alle, die ich hier tatsächlich vergessen habe.

Meinen zahlreichen Schülern und Seminarteilnehmern… Ich drücke euch alle an dieser Stelle. Durch das Zusammensein mit euch lerne ich jede Minute aufs Neue.

Ich bin dankbar,
möge unser aller Weg gesegnet sein.

Eure Silke

Über die Autorin

Silke Wagner wurde 1973 geboren. Durch eine Lebenskrise 2009 kam sie nach langer Pause wieder mit ihrer Spiritualität in Kontakt. Das geschah so intensiv, dass Silke 2011 ihre Berufung zum Beruf machte. Fast gleichzeitig mit dem „Ja“ zur Berufung trat die Atlantis-energie in ihr Leben und begeistert sie noch heute. Sie gibt ihr Wissen in zahlreichen Vorträgen, Workshops und Seminaren weiter und erfüllte sich mit der Eröffnung ihrer spirituellen Buchhandlung Zauberwolke in Neustadt/Weinstraße einen Traum.

www.die-zauberwolke.de

Buchempfehlungen

Silke Wagner

Toularion – Blitzheilung aus Atlantis

72 Seiten, 11,5 x 16,5, broschiert – Small Edition

Vierfarbig

ISBN 978-3-95531-107-0

Heilmethoden gibt es wie Sand am Meer. Doch kaum eine ist so schnell, unkompliziert und effektiv wie diese von den Atlantern übermittelte Heilung. Sie ist nicht starr und stur, sondern lädt die Menschen ein, sich spielerisch mit der Heilkraft von Atlantis auseinanderzusetzen. Die Leichtigkeit und Freude von Toularion und seinem Hohen Rat von Atlantis springen wie ein Funke auf den Anwender über und laden regelrecht dazu ein, über seinen eigenen Tellerrand hinauszuschauen.

Silke Wagner

Der Channel-Führerschein

Channeln lernen leicht gemacht

152 Seiten, A5, broschiert

ISBN 978-3-95531-127-8

1000-mal meditiert, 1000-mal ist nichts passiert?
Jeder ist früher oder später an dem Punkt, an dem er sich seiner eigenen Medialität bewusst wird. Aber wie trainiert man diese? Was tun, wenn einen die Meditation nicht weiterbringt?
Die Autorin verrät hier praktische Übungen, die sie mit ihren zahlreichen Schülern in etlichen Seminaren erprobt hat, und gibt dazu Tipps und Tricks für eine einfache Anwendung.
Dieses Buch hebt sich wohltuend von anderen Channel-Büchern ab, da kein Geheimnis mehr um die Praxis gemacht wird. Jeder, der schon auf der Suche nach Übungen zu diesem Thema war, weiß, wie wenig man tatsächlich darüber findet.
Nicht nur interessant für Anfänger, sondern auch für Übungsgruppen und Seminarleiter.

Silke Wagner

Verdammtes Loslassen, verflixte Selbstliebe

80 Seiten, broschiert, 11,5 x 16,5 cm

Small Edition

ISBN 978-3-95531-145-2

„Lass die Situation los!" – „Liebe dich so, wie du bist!"

„Wie oft hören wir diese und ähnliche Sätze von der Geistigen Welt, und mal ehrlich: Sie frustrieren zumindest mich total.

Meine Sorgen einfach loslassen, von jetzt auf gleich nicht mehr daran denken? Hallo, ich bin Mensch. Ich kann nicht zaubern. Ich bin auch noch Frau, und jede wird mir zustimmen: Unsere Makel lieben ist nahezu unmöglich. Aus diesen Emotionen heraus beschloss ich, mit der Geistigen Welt „Tacheles" zu reden. Schonungslos ehrlich, manchmal ziemlich verzweifelt und am Anfang mit sehr viel Frust begab ich mich auf die Suche.

Ein spannender Weg begann, mit Übungen, die auch mich manchmal an meine Grenzen brachten. Aber: Es hat sich gelohnt!"

Silke Wagner

Petra Beate Heckel

Gesundbeten – Das Geheimnis der Heilung

Wie altes Wissen die Medizin verändert

256 Seiten, A5, gebunden, mit Leseband

ISBN 978-3-95531-138-4

Wünschen wir uns nicht alle Gesundheit, Weisheit, Lebensfreude und Vitalität?

Das Gesundbeten ist eine alte Heilkunst, bei der durch die Anbindung an die Schöpferquelle höchst lichtvolle Energien angezogen werden. Zahlreiche Beschwerden, ob körperlicher, mentaler, emotionaler oder seelischer Natur, können durch die Gebete gelindert oder sogar zum Verschwinden gebracht werden, weil sie die Selbstheilungskräfte aktivieren.

Die Gebete sind ein wichtiger Anker, der uns Stabilität gibt, und ein Kompass, damit unser „Lebensschiff" auf den richtigen Kurs gelangen kann – den Kurs unseres Seelenplans.